Impressum
Verlag: BABADADA GmbH, Nedderfeld 112 , 22529 Hamburg
Geschäftsführer / Verlagsleitung: Harald Hof
Druck: Books on Demand GmbH, In de Tarpen 42, 22848 Norderstedt

Imprint
Publisher: BABADADA GmbH, Nedderfeld 112 , 22529 Hamburg, Germany
Managing Director / Publishing direction: Harald Hof
Print: Books on Demand GmbH, In de Tarpen 42, 22848 Norderstedt, Germany

المدرسة

escuela

القسم
aula
يقسم
dividir
186/2
اللوح
pizarra
patio
المعلّم
maestro/a
ورقة
papel
يكتب
escribir
القلم
bolígrafo
طاولة المكتب
escritorio
المسطرة
regla
الكتاب
libro
التلميذ
alumno/a

الحقيبة المدرسية

cartera

المقلمة

caja de lápices

قلم الرصاص

lápiz

البرّاية

sacapuntas

المِمحاة

goma de borrar

دفتر الرسم

cuaderno de dibujo

الرسمة

dibujo

الفرشاة

pincel

علبة التلوين

caja de pinturas

المقص

tijeras

المادة اللاصقة

pegamento

دفتر التمارين

cuaderno de ejercicios

الواجب المدرسي

deberes

12

الرقم

número

2+2

يجمع

sumar

5-2

يطرح

restar

2×2

يضرب

multiplicar

يحسب

calcular

A

الحرف

letra

ABCDEFG
HIJKLMN
OPQRSTU
VWXYZ

الأبجدية

alfabeto

hello

كلمة

palabra

النص
....
texto

يقرأ
....
leer

الطبشور
....
tiza

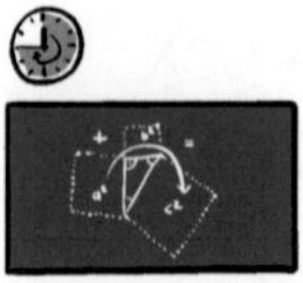

الحصة
....
lección

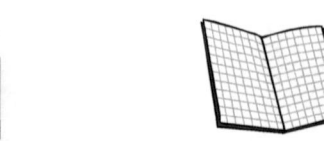

دفتر الدوام المدرسي
....
cuaderno de notas

الامتحان
....
examen

شهادة
....
certificado

اللباس المدرسي
....
uniforme escolar

التعليم
....
educación

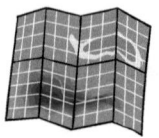

الموسوعة
....
enciclopedia

الجامعة
....
universidad

المِجهر
....
microscopio

الخريطة
....
mapa

قماما
....
papelera

سفر
viaje

فندق
hotel
بيت الشباب
albergue
مكتب صرافة
oficina de cambio de divisas
حقيبة
maleta
سيارة
coche

اللغة

idioma

نعم / لا

sí / no

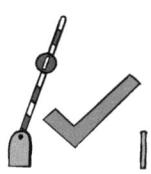

حسناً

Vale

مرحباً

hola

مترجم

traductor

شكراً

Gracias

كم ثمن ... ؟

¿cuánto es...?

لا أفهم

No entiendo

مشكلة

problema

مساء الخير

¡Buenas tardes!

صباح الخير!

¡Buenos días!

ليلة سعيدة

¡Buenas noches!

إلى اللقاء

adiós

اتجاه

dirección

أمتعة السفر

equipaje

حقيبة

bolsa

حقيبة ظهر

mochila

ضيف

invitado

غرفة

habitación

كيس للنوم

saco de dormir

خيمة

tienda de campaña

استعلامات سياحية

....

información turística

شاطئ

....

playa

بطاقة ائتمان

....

tarjeta de crédito

إفطار

....

desayuno

طعام الغداء

....

almuerzo

العشاء

....

cena

بطاقة سفر

....

billete

مصعد

....

ascensor

طابع بريدي

....

sello

حدود

....

frontera

الجمارك

....

aduana

سفارة

....

embajada

تأشيرة

....

visa

جواز سفر

....

pasaporte

نقل

transporte

طائرة
avión
سفينة
barco
سيارة إطفاء
coche de bomberos
autobús
سيارة شاحنة
camión
زورق آلي
lancha a motor
درّاجة
bicicleta
سيارة
coche

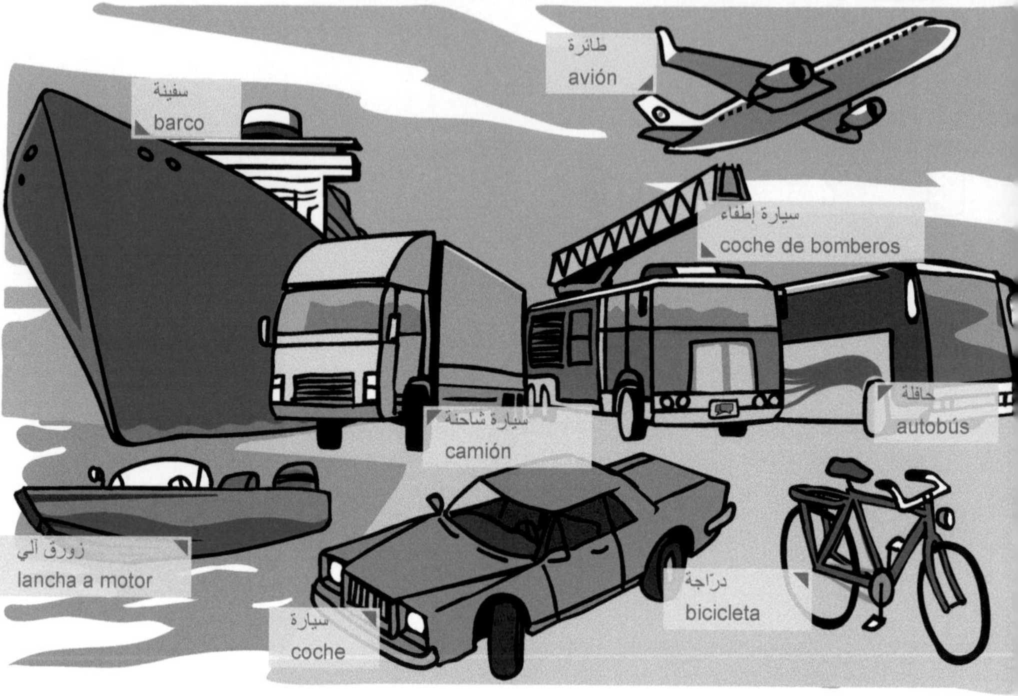

عبارة

transbordador

قارب

barca

دراجة نارية

moto

سيارة شرطة

coche de policía

سيارة سباق

coche de carreras

سيارة مستأجرة

coche de alquiler

أسلوب تشاركي في استئجار السيارات
....
préstamo de vehículos

سيارة للجر
....
grúa

سيارة نقل القمامة
....
camión de la basura

محرك
....
motor

وقود
....
gasolina

محطة وقود
....
gasolinera

إشارة مرور
....
señal de tráfico

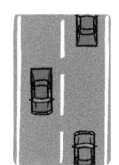

حركة السير
....
tráfico

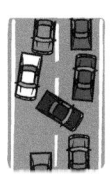

ازدحام سير
....
atasco

موقف سيارات
....
aparcamiento

محطة قطار
....
estación de tren

سكك حديدية
....
vías

قطار
....
tren

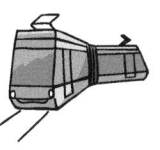

ترام
....
tranvía

عربة قطار
....
vagón

طائرة مروحية

helicóptero

مطار

aeropuerto

برج

torre

مسافر

pasajero

حاوية

contenedor

علبة كرتون

caja de cartón

عربة يد

carretilla

سلة

cesta

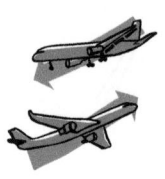

يقلع / يهبط

despegar / aterrizar

مدينة

ciudad

قرية

pueblo

مركز المدينة

centro de ciudad

بيت

casa

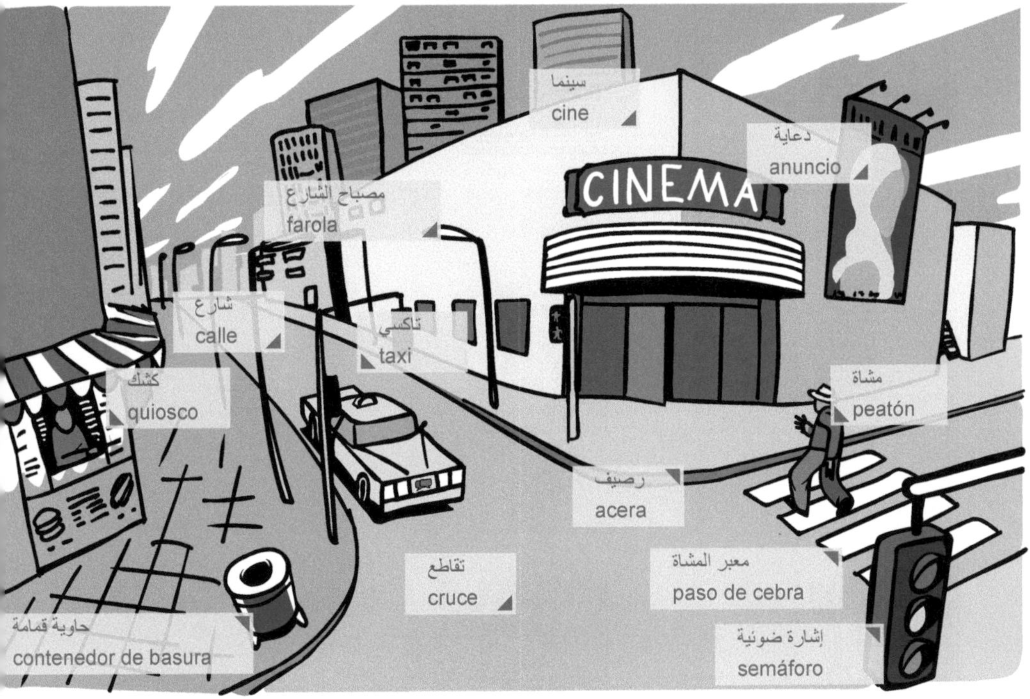

سينما
cine
CINEMA
دعاية
anuncio
مصباح الشارع
farola
شارع
calle
تاكسي
taxi
كشك
quiosco
مشاة
peatón
رصيف
acera
تقاطع
cruce
معبر المشاة
paso de cebra
حاوية قمامة
contenedor de basura
إشارة ضوئية
semáforo

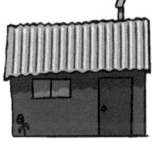

كوخ

cabaña

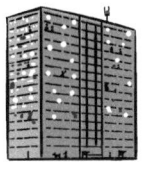

شقة

apartamento

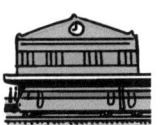

محطة قطار

estación de tren

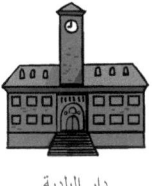

دار البلدية

ayuntamiento

MUSEUM

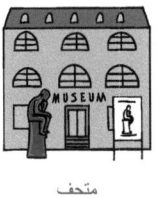

متحف

museo

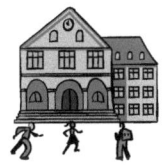

المدرسة

escuela

الجامعة

universidad

مصرف

banco

المستشفى

hospital

فندق

hotel

صيدلية

farmacia

مكتب

oficina

مكتبة

librería

متجر

tienda

محل لبيع الزهور

floristería

سوبرماركت

supermercado

سوق

mercado

متجر كبير

grandes almacenes

تاجر السمك

pescadería

مركز تسوّق

centro comercial

ميناء

puerto

حديقة عامة

parque

مقعد

banco

جسر

puente

درج، سلم

escaleras

مترو

metro

نفق

túnel

موقف حافلات

parada de autobús

بار

bar

مطعم

restaurante

صندوق البريد

buzón

لافتة باسم الشارع

poste indicador

مقياس زمن الوقوف

parquímetro

حديقة حيوانات

zoo

مسبح

piscina

مسجد

mezquita

مزرعة

granja

تلوث البيئة

contaminación

مقبرة

cementerio

كنيسة

iglesia

ملعب الأطفال

patio de juego

معبد

templo

طبيعة ريفية

paisaje

![paisaje scene]

ورقة
hoja

علامة إرشاد
señal

طريق
camino

مرج
prado

حجر
piedra

شجرة
árbol

رحالة
excursionista

نهر
río

عشب
hierba

زهرة
flor

وادٍ
....
valle

جبل
....
colina

بحيرة
....
lago

غابة
....
bosque

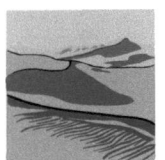

صحراء
....
desierto

بركان
....
volcán

قلعة
....
castillo

قوس قزح
....
arcoíris

فطر
....
champiñón

نخلة
....
palmera

بعوض
....
mosquito

ذبّانة
....
mosca

نملة
....
hormiga

نحلة
....
abeja

عنكبوت
....
araña

خنفساء

escarabajo

ضفدعة

rana

سنجاب

ardilla

قنفذ

erizo

أرنب

liebre

بومة

lechuza

عصفور

pájaro

بجعة

cisne

خنزير برّي

jabalí

غزال

ciervo

إلكة

alce

سد

presa

دولاب الطاحونة الهوائية

turbina eólica

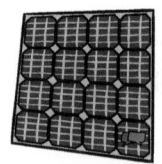

خلية شمسية

panel solar

مناخ

clima

مطعم
restaurante

نادل
camarero
لائحة الطعام
menú
كرسي
silla
حساء
sopa
بيتزا
pizza
أدوات المائدة
cubertería
غطاء المائدة
mantel

مقبلات

....

primer plato

الصحن الرئيسي

....

plato principal

حلوى أو فاكهة بعد الطعام

....

postre

مشروبات

....

bebidas

طعام

....

comida

زجاجة

....

botella

وجبات سريعة

comida rápida

طعام الشارع

comida callejera

إبريق الشاي

tetera

علبة السكر

azucarero

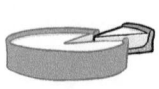

حصّة

porción

آلة الإسبريسو

cafetera expreso

كرسي عالٍ

trona

فاتورة

cuenta

صينية

bandeja

سكين

cuchillo

شوكة

tenedor

ملعقة

cuchara

ملعقة الشاي

cucharilla

منديل المائدة

servilleta

كأس

vaso

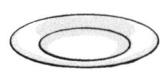

صحن
....
plato

صحن الحساء
....
plato hondo

صحن الفنجان
....
platillo

صلصة
....
salsa

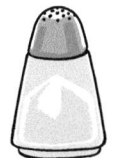

مملحة
....
salero

مطحنة الفلفل
....
molinillo de pimienta

خلّ
....
vinagre

زيت الطعام
....
aceite

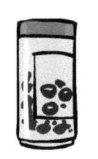

توابل
....
especias

كتشاب
....
ketchup

خردل
....
mostaza

مايونيز
....
mayonesa

سوبرماركت

supermercado

عرض خاص
oferta especial
زبون
cliente
مشتقات الحليب
lácteos
فواكه
fruta
عربة تسوق
carro de la compra

جزّار
carnicería

مخبز
panadería

يزن
pesar

خضار
verduras

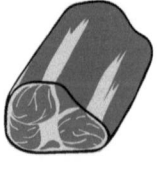

لحم
carne

المأكولات المجمّدة
alimentos congelados

مرتدلا أو جبن

....

fiambres

معلبات

....

conservas

مسحوق الغسيل

....

detergente en polvo

حلويات

....

dulces

المواد المنزلية

....

productos de uso doméstico

منظفات

....

productos de limpieza

بائعة

....

vendedora

صندوق الحساب

....

caja

أمين صندوق

....

cajero

قائمة المشتريات

....

lista de la compra

أوقات العمل

....

horario de atención al público

محفظة النقود

....

cartera

بطاقة ائتمان

....

tarjeta de crédito

حقيبة

....

bolsa

كيس بلاستيكي

....

bolsa de plástico

مشروبات

bebidas

ماء
....
agua

عصير
....
zumo

حليب
....
leche

كولا
....
cola

نبيذ
....
vino

بيرة
....
cerveza

كحول
....
alcohol

كاكاو
....
cacao

شاي
....
té

قهوة
....
café

قهوة إسبريسو
....
expreso

كابوتشينو
....
capuchino

طعام
comida

موزة

plátano

تفاح

manzana

برتقال

naranja

بطيخ

melón

ليمون

limón

جزرة

zanahoria

ثوم

ajo

خيزران

bambú

بصل

cebolla

فِطر

champiñón

لوزيات

avellanas

شعيرية

fideos

سباغيتي

espagueti

أرزّ

arroz

سلطة

ensalada

بطاطا مقلية

patatas fritas

بطاطا مقلية

patatas fritas

بيتزا

pizza

هامبورغر

hamburguesa

ساندويش

sándwich

شريحة لحم مقلية

filete

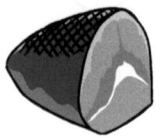

لحم خنزير

jamón

سلامي

salami

سجق

salchicha

دجاج

pollo

لحم محمر

asado

سمك

pescado

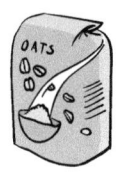

دقيق الشوفان

copos de avena

موسلي

muesli

كورن فلكس

copos de maíz

طحين

harina

كرواسان

cruasán

خبز صغير

panecillo

خبز

pan

خبز محمص

tostada

بسكويت

galletas

زبدة

mantequilla

لبن زبادي

cuajada

كعكة

pastel

بيضة

huevo

بيض مقلي

huevo frito

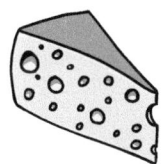

جبنة

queso

مثلجات

helado

سكر

azúcar

عسل

miel

مربّى الفاكهة

mermelada

كريم النوغا

crema de turrón

الكاري

curry

مزرعة
granja

granja
مخزن غلال
granero
رزمة من التبن
fardo de paja
حقل
حصان
caballo
مقطورة
remolque
جرار
tractor
مهر
potro
حمار
burro
خروف
oveja
خروف
cordero

ماعز
cabra

بقرة
vaca

عجل
ternero

خنزير
cerdo

خنزير صغير
cerdito

ثور
toro

إوزّة
....
ganso

بطة
....
pato

صوص
....
pollo

دجاجة
....
gallina

ديك
....
gallo

جرذ
....
rata

قطة
....
gato

فأر
....
ratón

ثور
....
buey

كلب
....
perro

كوخ الكلب
....
perrera

خرطوم الحديقة
....
manguera

إبريق
....
regadera

منجل
....
guadaña

المحراث
....
arado

منجل

hoz

معزقة

azada

مذراة الزبل

horca

بلطة

hacha

عربة يد

carretilla

معلف

abrevadero

صفيحة الحليب

lechera

كيس

saco

سياج

valla

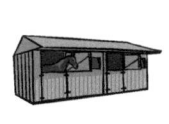

اصطبل

establo

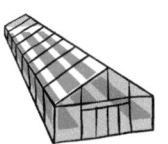

دفيئة

invernadero

تربة

suelo

بذور

semilla

سماد

fertilizador

حصّادة درّاسة

cosechadora

يحصد
....
cosechar

محصول
....
cosecha

بطاطا يامس
....
ñame

قمح
....
trigo

صويا
....
soja

بطاطا
....
patata

ذرة
....
maíz

سلجم
....
semilla de colza

شجرة فاكهة
....
árbol frutal

نبات منيهوت
....
mandioca

الحبوب
....
cereales

بيت

casa

مدخنة
chimenea
سقف
tejado
مزراب
canalón
نافذة
ventana
مرآب
garaje
جرس الباب
timbre
باب
puerta
قماما
cubo de la basura
صندوق البريد
buzón
حديقة
jardín

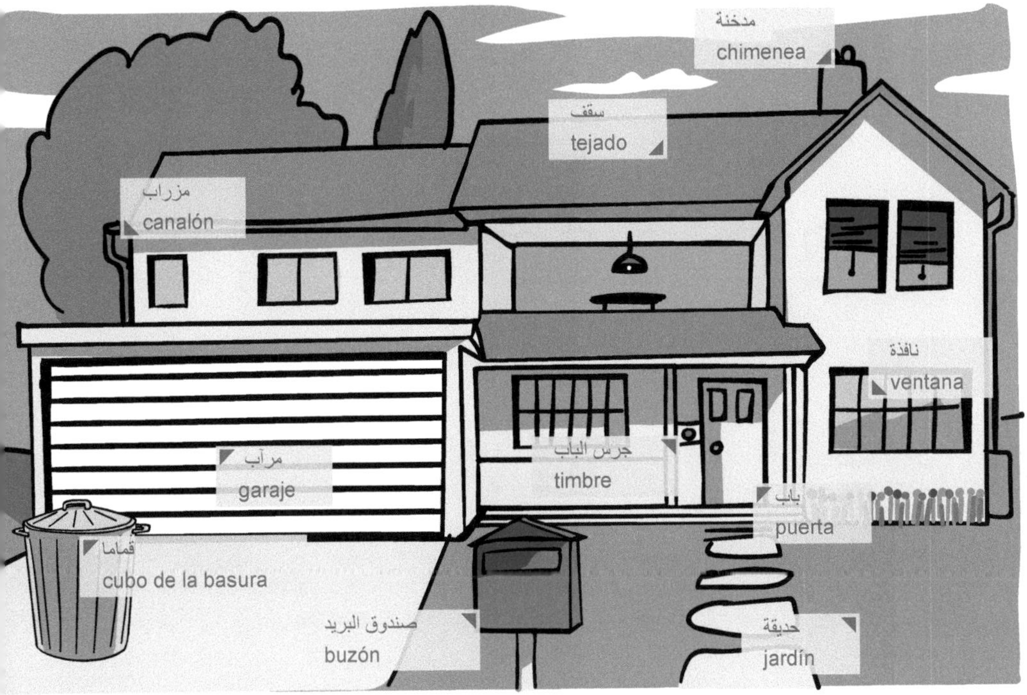

غرفة جلوس

sala

الحمّام

cuarto de baño

مطبخ

cocina

غرفة النوم

dormitorio

غرفة الأطفال

habitación de los niños

غرفة الطعام

comedor

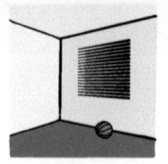

أرضية

suelo

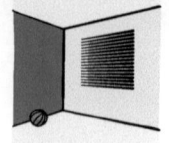

حائط

pared

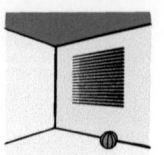

سقف

techo

قبو

sótano

ساونا

sauna

بلكون

balcón

شرفة

terraza

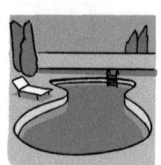

مسبح

piscina

جزازة العشب

cortacésped

بياضات السرير

sábana

بطانية

colcha

سرير

cama

مكنسة

escoba

سطل

balde

مفتاح كهربائي

interruptor

غرفة جلوس

sala

ورق جدران
papel pintado
صورة
imagen
مصباح كهربائي
lámpara
رف
estante
خزانة
armario
تلفزيون
televisión
موقد مفتوح
chimenea
زهرة
flor
وسادة
cojín
كنبة
sofá
مزهرية
jarrón
تحكم عن بعد
mando a distancia

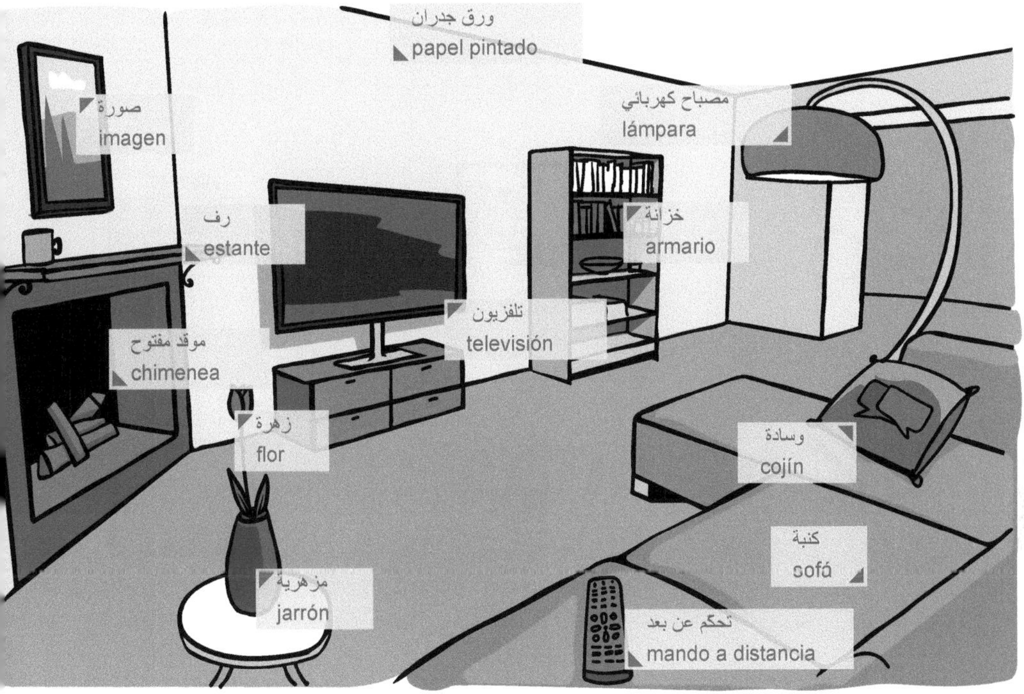

بصاط

alfombra

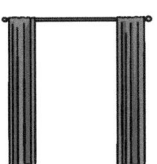

ستارة

cortina

طاولة

mesa

كرسي

silla

كرسي هزّاز

mecedora

كرسي ذو ذراعين

butaca

الكتاب

libro

بطانية

manta

زخرفة

decoración

الحطب

leña

فيلم

película

تجهيزات ستيريو

equipo de música

مفتاح

llave

جريدة

periódico

لوحة مرسومة

pintura

مُلصق

póster

راديو

radio

دفتر ملاحظات

cuaderno

المكنسة الكهربائية

aspiradora

صبّار

cactus

شمعة

vela

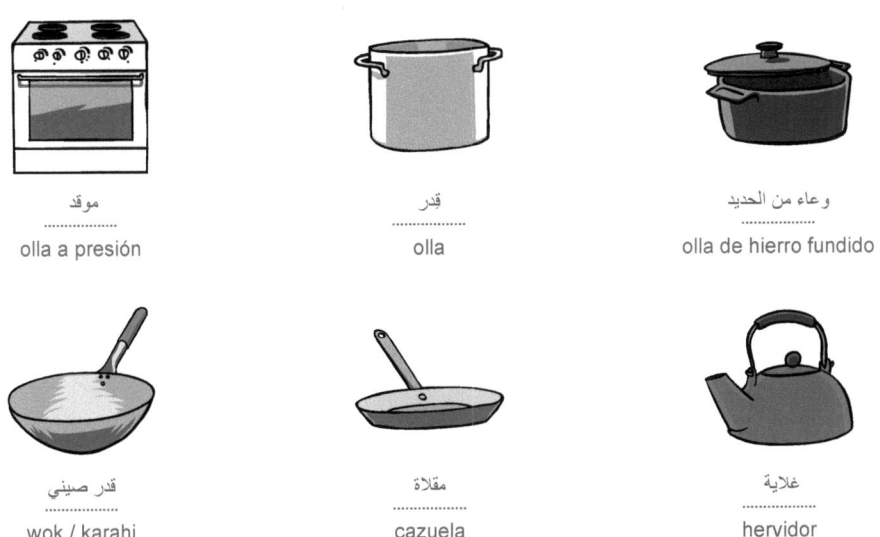

مطبخ
cocina

برّاد
refrigerador
ميكروويف
microondas
ميزان المطبخ
balanza de cocina
محمصة الخبز
tostadora
منظفات
detergente
فرن
horno
ثلاجة
congelador
cubo de la basura
جَلاية
lavavajillas

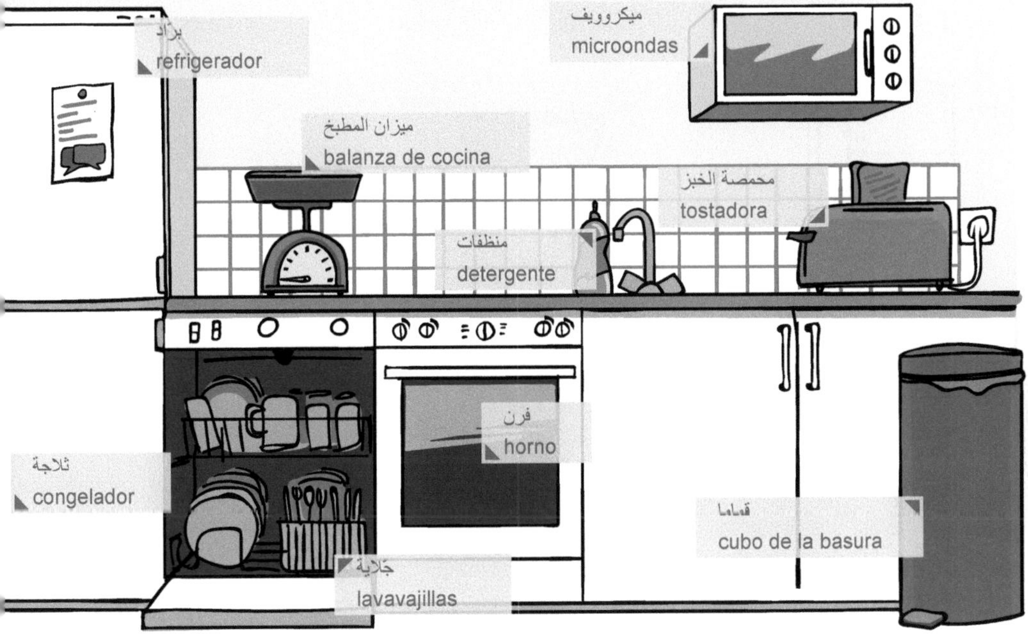

موقد
....
olla a presión

قِدر
....
olla

وعاء من الحديد
....
olla de hierro fundido

قدر صيني
....
wok / karahi

مقلاة
....
cazuela

غلاية
....
hervidor

قدر البخار

vaporera

صينية

chapa de horno

أواني

vajilla

فنجان

taza

صحن

tazón

عيدان الأكل

palillos

مغرفة

cucharón

ملعقة منبسطة

espumadera

خفاقة

batidor

مصفاة

colador

مصفاة

cedazo

مبشرة

rallador

هاون

mortero

شواء

barbacoa

موقد

hoguera

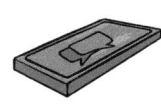

لوح التقطيع

tabla de picar

نشّابة

rodillo

مفتاح الزجاجات

sacacorchos

علبة

lata

مفتاح العلب المعدنية

abrelatas

قماش الفرن

agarrador

مجلى

lavabo

فرشاة

cepillo

إسفنج

esponja

خلاط

batidora

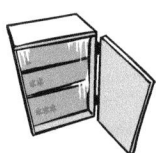

مجمّدة

congelador

زجاجة الطفل

biberón

صنبور الماء

grifo

الحمّام

cuarto de baño

تدفئة
calefacción
دوش
ducha
منشفة
toalla
ستارة الدوش
cortina de la ducha
حمام رغوة
baño de espuma
حوض الحمام
bañera
كأس
vaso
غسّالة
lavadora
صنبور الماء
grifo
بلاط
baldosas
قفازات مطاطية
orinal
مجلى
lavabo

حمام

inodoro

مرحاض القرفصاء

inodoro rústico

حوض التشطيف

bidé

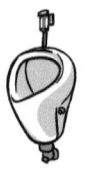

مبولة

urinario

ورق المرحاض

papel higiénico

فرشاة الحمام

escobilla del váter

فرشاة الأسنان

cepillo de dientes

معجون الأسنان

pasta de dientes

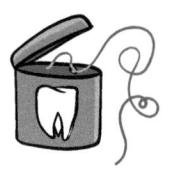

خيط حرير لتنظيف الأسنان

hilo dental

يغسل

lavar

رشاش ماء يدوي

ducha de mano

شطاف

ducha íntima

حوض الغسيل

pila

فرشاة الظهر

cepillo de espalda

صابون

jabón

جيل الدوش

gel de ducha

شامبو

champú

ممسحة

toallita

مصرف للماء

desagüe

مرهم

crema

مزيل الروائح

desodorante

مرآة

espejo

مرآة يد

espejo de tocador

موس حلاقة

maquinilla de afeitar

رغوة الحلاقة

espuma de afeitar

كولونيا

loción postafeitado

مشط

peine

فرشاة

cepillo

سشوار

secador

مثبت للشعر

laca

ماكياج

maquillaje

روج

pintalabios

طلاء أظافر

pintauñas

قطن

algodón

مقص أظافر

cortauñas

عطر

perfume

سلة الغسيل

estuche de viaje

مقعد صغير

banqueta

ميزان

balanza

معطف الحمام

albornoz

قفازات مطاطية

guantes de goma

سدادة قطنية

tampón

منشفة صحية

compresa

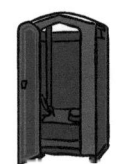

تواليت كيميائية

inodoro químico

غرفة الأطفال
habitación de los niños

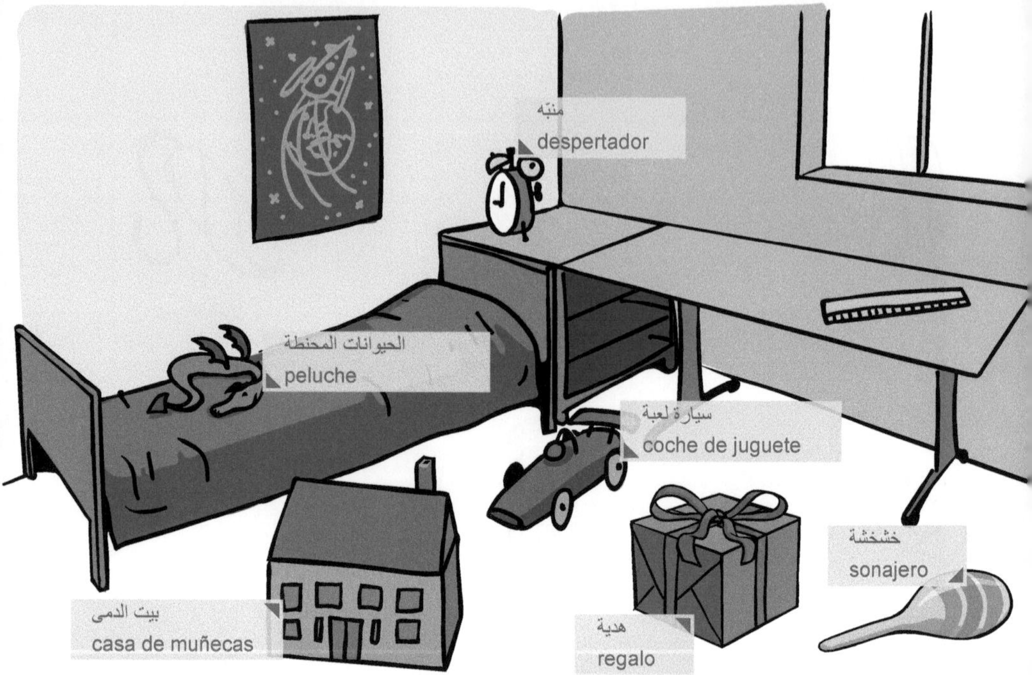

منبه
despertador
الحيوانات المحنطة
peluche
سيارة لعبة
coche de juguete
خشخشة
sonajero
بيت الدمى
casa de muñecas
هدية
regalo

بالون

globo

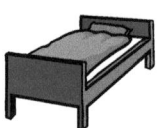

سرير

cama

عربة الأطفال

coche de niño

لعبة الورق

naipes

أحجية

puzle

رسوم هزلية

tebeo

أحجار الليغو
....
piezas de lego

حجارة تركيب
....
bloques de juguete

دمية بطل
....
figura de acción

لباس الطفل
....
bodi (de bebé)

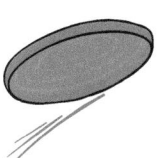

فريسبي
....
frisbee

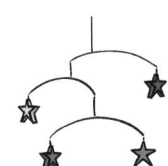

دمية معلّقة
....
colgador móvil para bebés

لعبة الطاولة
....
juego de mesa

لعبة النرد
....
dados

لعبة قطار
....
circuito de tren eléctrico

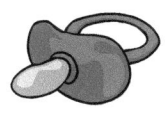

مصّاصة
....
maniquí

حفلة
....
fiesta

كتاب مصوّر
....
álbum de fotos

كرة
....
pelota

دمية
....
muñeca

يلعب
....
jugar

ملعب رملي للأطفال
....
cajón de arena

أرجوحة
....
columpio

لعبة
....
juguetes

ألعاب فيديو
....
videoconsola

دراجة ثلاثية
....
triciclo

دمية على شكل الدب
....
oso de peluche

خزانة الثياب
....
guardarropa

ثياب
ropa

جوارب قصيرة
....
calcetines

جوارب طويلة
....
medias

جورب بنطلون
....
leotardos

شال
bufanda

شمسية
paraguas

تي شيرت
camiseta

حزام
cinturón

حذاء شتوي
botas

شبشب
zapatillas

أحذية رياضية
deportivas

صندل
....
sandalias

حذاء
....
zapatos

جزمة كاوتشوك
....
botas de goma

سروال داخلي
....
slip

صدّارة
....
sostén

قميص داخلي
....
chaleco

لباس ملاصق للجسم

bodi

بنطلون

pantalones

جينز

vaqueros

تنورة

falda

بلوزة

blusa

قميص

camisa

سترة قطنية

jersey

كنزة كم طويل

suéter

سترة فضفاضة

blazer

سترة

chaqueta

معطف

abrigo

معطف مطري

gabardina

زي - طقم نسائي

traje

ثوب

vestido

ثوب الزفاف

vestido de novia

طقم
traje

قميص نوم
camisón

بيجاما
pijama

ساري
sari

حجاب
bandana

عمامة
turbante

برقع
burka

قفطان
caftán

عباءة
abaya

مايوه
traje de baño

سروال سباحة
bañador

شرت
pantalones cortos

بدلة رياضية
chándal

مئزر
delantal

قفازات
guantes

زر

botón

نظّارة

gafas

إسوارة

brazalete

عقد

collar

خاتم

anillo

قرط

pendiente

طاقيّة

gorra

علاقة ثياب

percha

قبّعة

sombrero

ربطة العنق

corbata

سحّاب

cremallera

خوذة

casco

حمّالة البنطلون

tirantes

اللباس المدرسي

uniforme escolar

زي موحّد

uniforme

مريلة الأطفال

babero

مصّاصة

maniquí

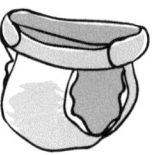

لفافة

pañal

مكتب

oficina

المخدّم
servidor
خزانة الملفات
archivo
طابعة
impresora
ورقة
papel
شاشة
monitor
فأرة
ratón
طاولة المكتب
escritorio
ملف
carpeta
لوحة المفاتيح
teclado
قماما
papelera
حاسوب
ordenador
كرسي
silla

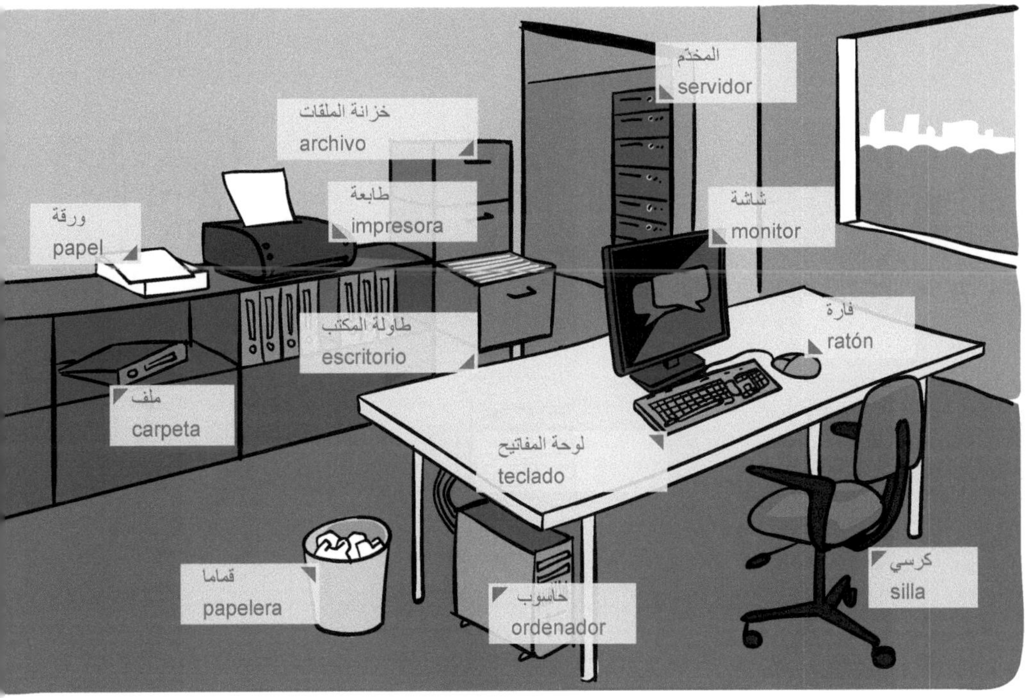

كأس من القهوة

taza de café

الآلة الحاسبة

calculadora

الإنترنت

internet

الحاسوب المحمول

portátil

رسالة

carta

خبر

mensaje

الهاتف المحمول

móvil

شبكة

red

جهاز تصوير

fotocopiadora

البرمجيات

software

هاتف

teléfono

مقبس كهربائي

toma de corriente

فاكس

fax

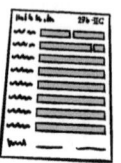

استمارة

formulario

وثيقة

documento

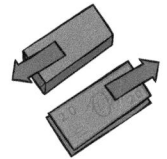

يشتري
comprar

يدفع
pagar

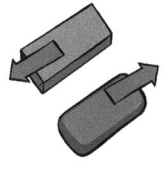

يتاجر
comerciar

مال
dinero

دولار
dólar

يورو
euro

ين
yen

روبل
rublo

فرنك سويسري
franco suizo

يوان
renminbi yuan

روبية
rupia

صرّاف آلي
cajero automático

مكتب صرافة

oficina de cambio de divisas

ذهب

oro

فضة

plata

نفط

petróleo

طاقة

energía

سعر

precio

عقد

contrato

ضريبة

impuesto

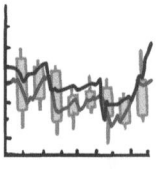

سهم

acción

يعمل

trabajar

موظف

empleado

رب العمل

empleador

مصنع

fábrica

متجر

tienda

المِهَن
oficios

رجل إطفاء
bombero
الشرطي
agente de policía
طبّاخ
cocinero
الطبيب
médico
piloto

بستاني

jardinero

نجّار

carpintero

خيّاطة

costurera

قاض

juez

كيميائي

farmacéutico

ممثل

actor

سائق حافلة

conductor de autobús

سائق تاكسي

taxista

صياد سمك

pescador

أجيرة للتنظيف

señora de la limpieza

بنّاء سقف

techador

نادل

camarero

صيّاد

cazador

رسّام

pintor

خباز

panadero

كهربائي

electricista

عامل بناء

obrero

مهندس

ingeniero

لحّام

carnicero

سمكري

fontanero

ساعي البريد

cartero

جندي

soldado

مهندس معماري

arquitecto

أمين صندوق

cajero

بائع الزهور

florista

حلاق

peluquero

مراقب القطار

revisor

ميكانيكي

mecánico

قبطان

capitán

طبيب أسنان

dentista

رجل العلم

científico

حاخام

rabino

إمام

imán

راهب

monje

كاهن

sacerdote

عدة عمل

herramientas

مطرقة
martillo
كمّاشة
alicates
مفك البراغي
destornillador
مفتاح ربط
llave
مصباح يد
linterna

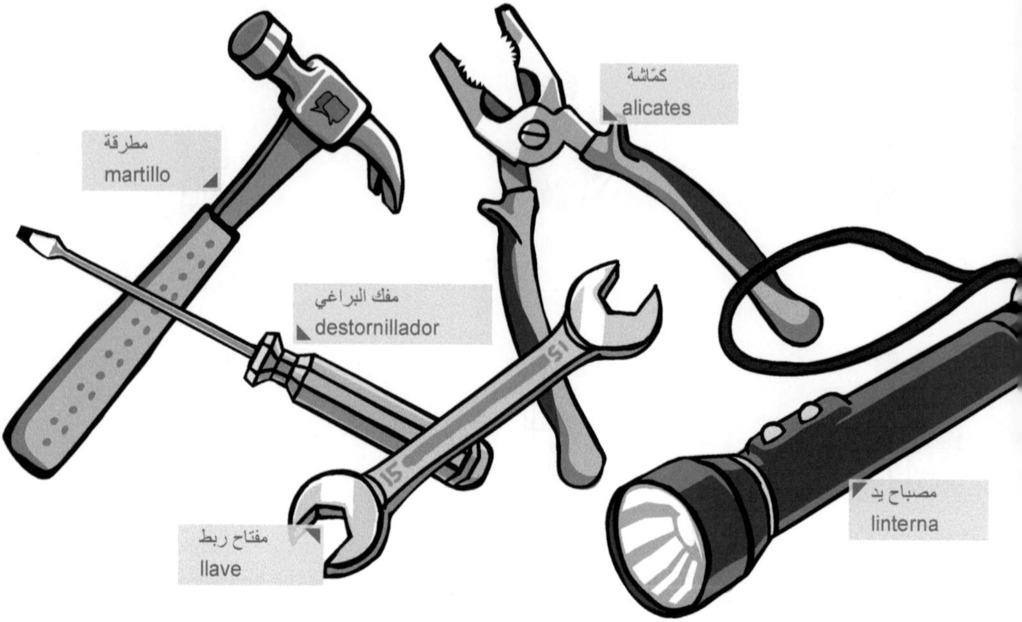

جرافة

excavadora

صندوق العدة

caja de herramientas

سلم

escalera de mano

منشار

sierra

مسامير

clavos

مثقب

taladro

يصلح
....
reparar

مجرفة
....
pala

اللعنة
....
¡Maldita sea!

لقاطة الكناسة
....
recogedor

سطل الألوان
....
bote de pintura

براغي
....
tornillos

آلات موسيقية

instrumentos musicales

آلات الإيقاع
batería

مكبر الصوت
altavoz

غيتار
guitarra

كمان أجهر
contrabajo

بوق
trompeta

بيانو

piano

كمنجة

violín

جهير

bajo

طبل كبير

timbales

طبل

tambor

بيانو كهربائي

teclado

ساكسوفون

saxofón

ناي

flauta

ميكروفون

micrófono

حديقة حيوانات

zoo

نمر
tigre
entrada
قفص
jaula
حمار الوحش
cebra
علف للحيوانات
pienso
دب باندا
panda

حيوانات
....
animales

فيل
....
elefante

كنغر
....
canguro

وحيد القرن
....
rinoceronte

غوريلا
....
gorila

دب
....
oso

جمل

camello

نعامة

avestruz

أسد

león

قرد

mono

طائر فلامينغو

flamingo

ببغاء

loro

دب قطبي

oso polar

بطريق

pingüino

سمك القرش

tiburón

طاووس

pavo real

أفعى

serpiente

تمساح

cocodrilo

حارس في حديقة الحيوان

guardián de zoológico

عجل البحر

foca

نمر أمريكي مرقط

jaguar

فرس قزم
....
poni

نمر
....
leopardo

فرس النهر
....
hipopótamo

زرافة
....
jirafa

نسر
....
águila

خنزير برّي
....
jabalí

سمك
....
pescado

سلحفاة
....
tortuga

حيوان فظ البحري
....
morsa

ثعلب
....
zorro

غزال
....
gacela

رياضة
deportes

كرة القدم الأمريكية
fútbol americano
ركوب الدراجات
ciclismo
كرة التنس
tenis
كرة السلة
baloncesto
السباحة
natación
الملاكمة
boxeo
هوكي الجليد
hockey sobre hielo

كرة القدم

fútbol

الريشة الطائرة

bádminton

ألعاب القوى الخفيفة

atletismo

كرة اليد

balonmano

التزلج على الثلج

esquí

بولو

polo

نشاطات

actividades

يقفز
saltar
يعانق
abrazar
يضحك
reír
يمشي
caminar
يغنّي
cantar
يحلم
soñar
يصلّي
rezar
يقبل
besar

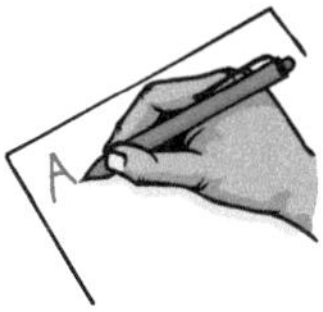

يكتب

escribir

يرسم

dibujar

يُري

mostrar

يدفع

empujar

يعطي

dar

يأخذ

tomar

يملك

tener

يعمل

hacer

يوجد

ser

يقف

estar de pie

يركض

correr

يسحب

tirar

يرمي

tirar

يقع

caer

يستلقي

yacer

ينتظر

esperar

يحمل

llevar

يجلس

estar sentado

يلبس

vestirse

ينام

dormir

يستيقظ

despertar

ينظر إلى ..

mirar

يبكي

llorar

يمسّد

acariciar

يمشّط

peinar

يتكلم

hablar

يفهم

entender

يسأل

preguntar

يسمع

escuchar

يشرب

beber

يأكل

comer

يرتب

ordenar

يحب

amar

يطبخ

cocinar

يقود

conducir

يطير

volar

يبحر بزورق شراعي

....

navegar

يحسب

....

calcular

يقرأ

....

leer

يتعلم

....

aprender

يعمل

....

trabajar

يتزوج

....

casarse

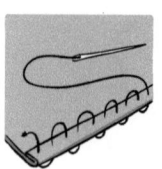

يخيط

....

coser

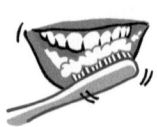

ينظف أسنانه

....

cepillarse los dientes

يقتل

....

matar

يدخن

....

fumar

يرسل

....

enviar

جدّة
abuela
جدّ
abuelo
أب
padre
أم
madre
الطفل
bebé
ابنة
hija
ابن
hijo

ضيف

invitado

عمّة / خالة

tía

عمّ / خال

tío

أخ

hermano

أخت

hermana

الجسم

cuerpo

الجبين
frente
العين
ojo
الكتف
hombro
الإصبع
dedo
الوجه
cara
الذقن
barbilla
اليد
mano
الساق
pierna
الصدر
pecho
الذراع
brazo

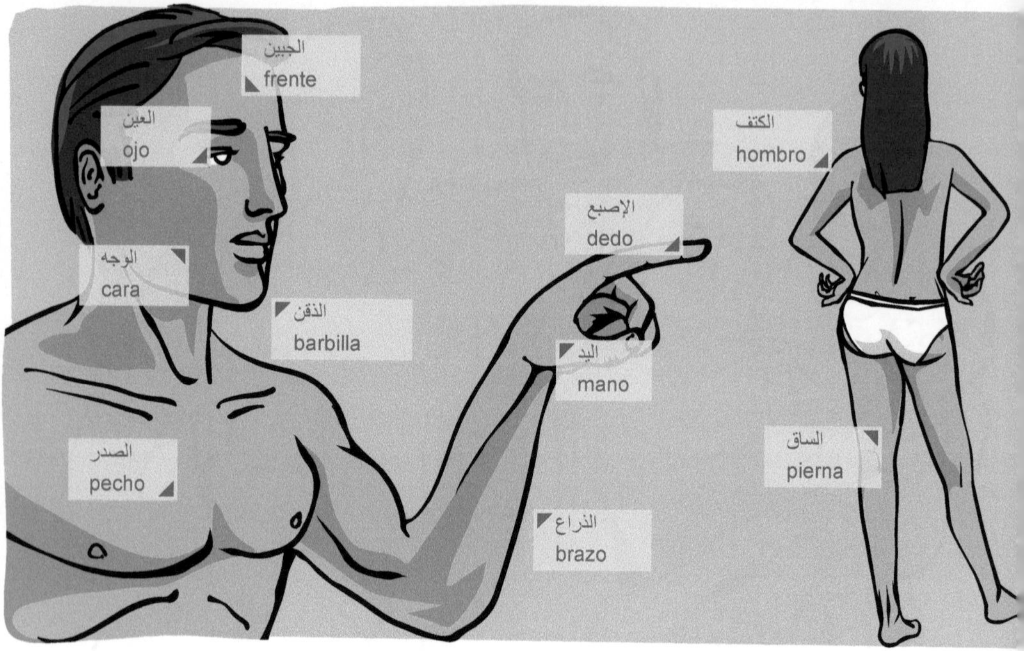

الطفل

bebé

الرجل

hombre

المرأة

mujer

البنت

chica

الولد

chico

الرأس

cabeza

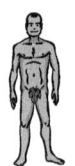

الظهر

espalda

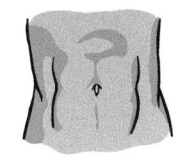

البطن

vientre

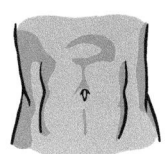

السرّة

ombligo

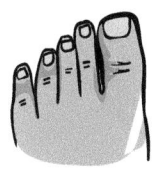

إصبع القدم

dedo del pie

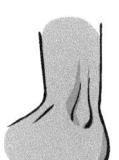

الكعب

talón

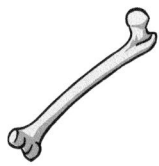

العظم

hueso

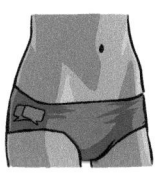

الورك

cadera

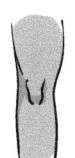

الركبة

rodilla

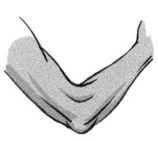

المِرفق

codo

الأنف

nariz

العَجُز

trasero

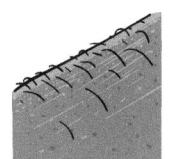

البشرة

piel

الخد

mejilla

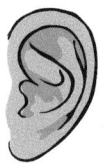

الأذن

oído

الشفة

labio

الفم
....
boca

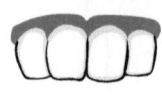

السن
....
diente

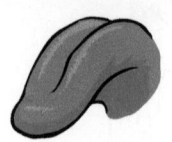

اللسان
....
lengua

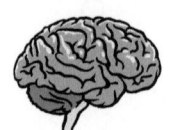

الدماغ
....
cerebro

القلب
....
corazón

العضلة
....
músculo

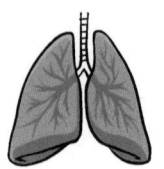

الرئة
....
pulmón

الكبد
....
hígado

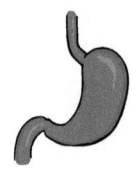

المعدة
....
estómago

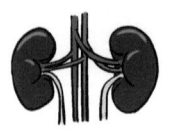

الكِلى
....
riñones

الاتصال الجنسي
....
sexo

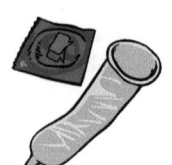

الواقي المطاطي
....
condón

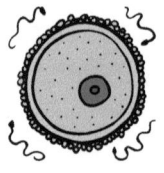

البويضة
....
ovario

المنيّ
....
semen

الحمل
....
embarazo

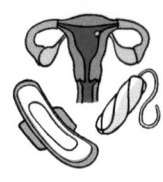

الحيض

menstruación

المهبل

vagina

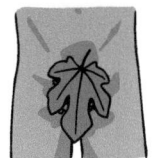

القضيب

pene

الحاجب

ceja

الشعر

pelo

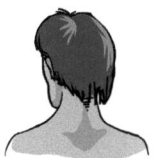

الرقبة

cuello

الجسم - cuerpo

المستشفى
hospital

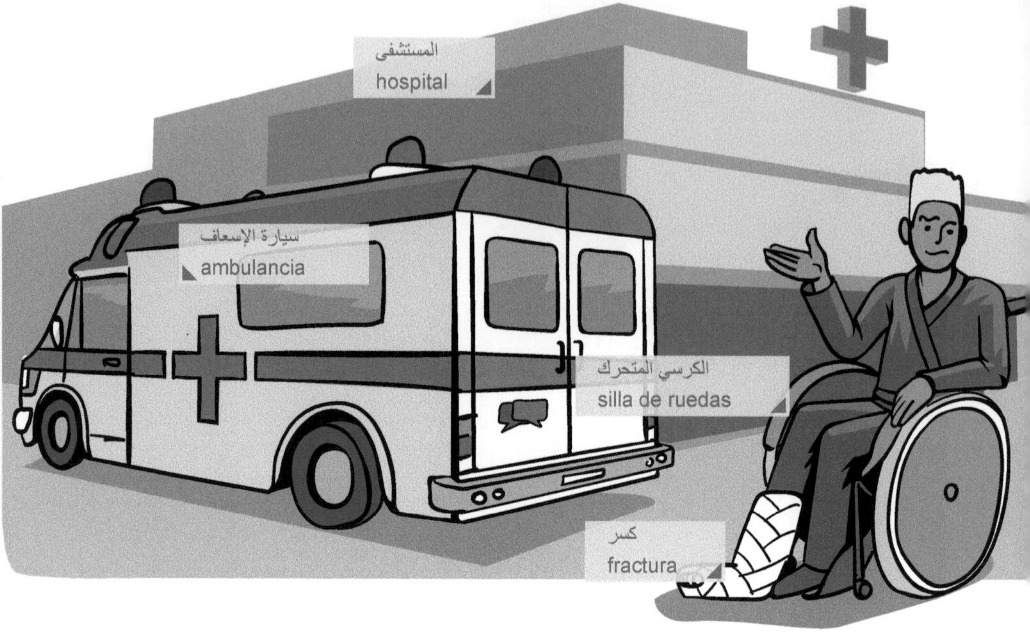

المستشفى
hospital
سيارة الإسعاف
ambulancia
الكرسي المتحرك
silla de ruedas
كسر
fractura

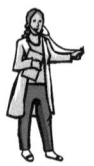

الطبيب
médico

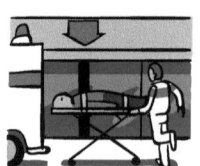

غرفة الإسعاف
sala de urgencias

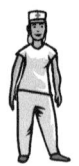

الممرضة
enfermera

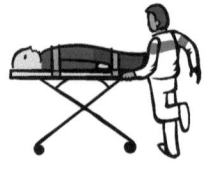

حالة
urgencia

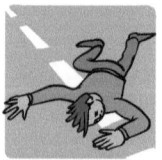

مغمى عليه
inconsciente

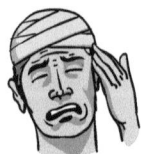

الألم
dolor

إصابة

lesión

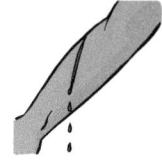

النزيف

hemorragia

احتشاء القلب

infarto

جلطة

ictus

حسسية

alergia

السعال

tos

الحُمّى

fiebre

إنفلونزا

gripe

الإسهال

diarrea

وجع الرأس

dolor de cabeza

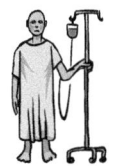

السرطان

cáncer

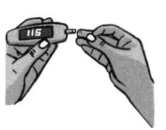

مرض السكر

diabetes

جرّاح

cirujano

مبضع

bisturí

عملية

operación

سيتي سكان
TAC

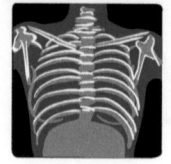

الأشعة السينية
rayos x

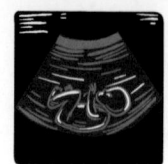

فوق الصوتي
ultrasonido

القناع
mascarilla

المرض
enfermedad

غرفة الانتظار
sala de espera

العُكاز
muleta

شريط لاصق
tirita

ضماد
venda

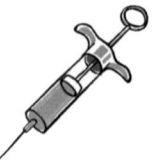

حقنة
inyección

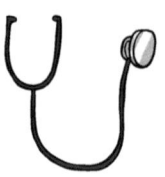

سمّاعة الطبيب
estetoscopio

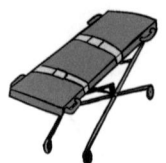

نقالة
camilla

ميزان حرارة
termómetro

ولادة
nacimiento

وزن زائد
sobrepeso

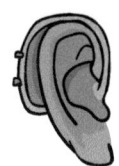

جهاز السمع

audífono

المواد المعقمة

desinfectante

عدوى

infección

فيروس

virus

الإيدز

VIH / SIDA

الطب

medicina

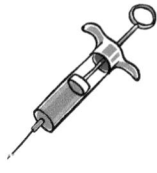

اللقاح

vacunación

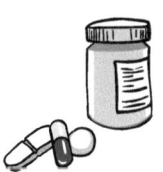

أقراص الدواء

tabletas

حبّة الدواء

pastilla

نداء النجدة

llamada de urgencia

مقياس ضغط الدم

tensiómetro

مريض / صحيح

enfermo / sano

urgencia

النجدة!

....

¡Socorro!

إنذار

....

alarma

اعتداء

....

asalto

هجوم

....

ataque

خطر

....

peligro

مخرج طوارئ

....

salida de emergencia

حريق!

....

¡Fuego!

جهاز الإطفاء

....

extintor de incendios

حادث

....

accidente

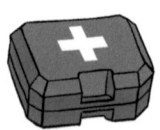

حقيبة الإسعاف الأولي

....

botiquín de primeros auxilios

أنقذونا

....

SOS

الشرطة

....

policía

أوروبا

Europa

أمريكا الشمالية

Norteamérica

أمريكا الجنوبية

Sudamérica

أفريقيا

África

آسيا

Asia

أستراليا

Australia

المحيط الأطلسي

Atlántico

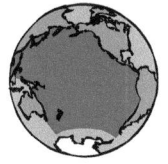

المحيط الهادي

Pacífico

المحيط الهندي

Océano Índico

المحيط المتجمد الجنوبي

Océano Antártico

المحيط المتجمد الشمالي

Océano Ártico

القطب الشمالي

polo norte

القطب الجنوبي

polo sur

منطقة القطب الجنوبي

Antártida

أرض

tierra

بر

tierra

بحر

mar

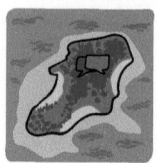

جزيرة

isla

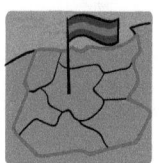

أمة

nación

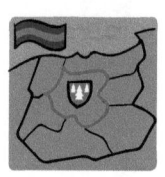

دولة

estado

ساعة
hora(s)

ميناء الساعة

esfera

عقرب الساعات

manecilla de las horas

عقرب الدقائق

minutero

عقرب الثواني

segundero

كم الساعة الآن؟

¿Qué hora es?

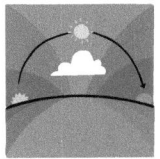

يوم

día

زمن

tiempo

الآن

ahora

ساعة رقمية

reloj digital

دقيقة

minuto

ساعة

hora

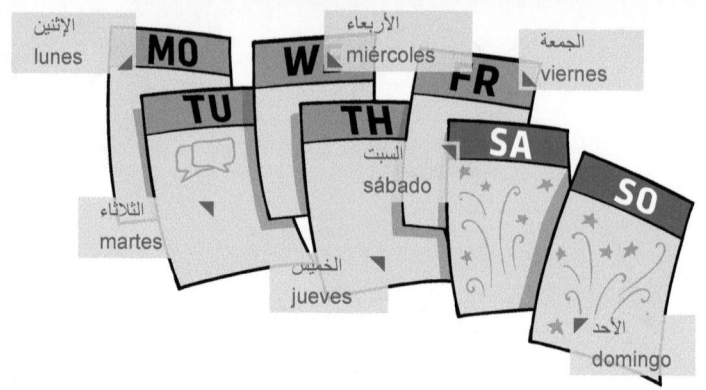

الإثنين
lunes

الأربعاء
miércoles

الجمعة
viernes

TU

TH

السبت
sábado

الثلاثاء
martes

الخميس
jueves

الأحد
domingo

الأمس
ayer

اليوم
hoy

غداً
mañana

الصباح
mañana

الظهر
mediodía

المساء
tarde

MO	TU	WE	TH	FR	SA	SU
1	2	3	4	5	6	7
8	9	10	11	12	13	14
15	16	17	18	19	20	21
22	23	24	25	26	27	28
29	30	31	1	2	3	4

أيام العمل
días laborables

MO	TU	WE	TH	FR	SA	SU
1	2	3	4	5	6	7
8	9	10	11	12	13	14
15	16	17	18	19	20	21
22	23	24	25	26	27	28
29	30	31	1	2	3	4

نهاية الأسبوع
fin de semana

مطر
lluvia
قوس قزح
arcoíris
ثلج
nieve
ريح
viento
الربيع
primavera
الخريف
otoño
الصيف
verano
الشتاء
invierno

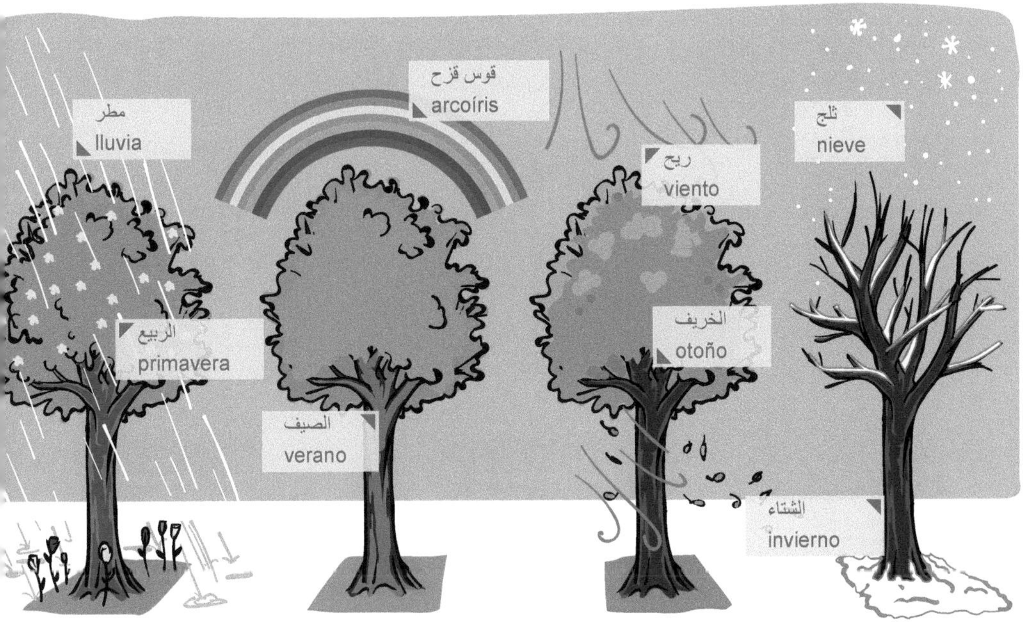

التنبّؤ بالحالة الجوية
....
pronóstico del tiempo

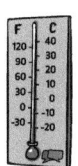

مقياس حرارة
....
termómetro

ضوء الشمس
....
sol

سحابة
....
nube

ضباب
....
niebla

رطوبة الجو
....
humedad

برق
....
rayo

رعد
....
trueno

عاصفة
....
tormenta

بَرَد
....
granizo

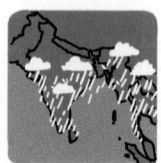

ريح موسمية
....
monzón

طوفان
....
inundación

جليد
....
hielo

كانون الثاني / يناير
....
enero

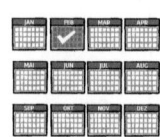

شباط / فبراير
....
febrero

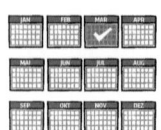

آذار / مارس
....
marzo

نيسان / أبريل
....
abril

أيار / مايو
....
mayo

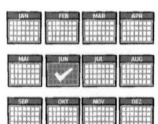

حزيران / يونيو
....
junio

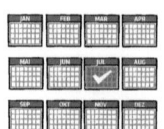

تموز / يوليو
....
julio

آب / أغسطس
....
agosto

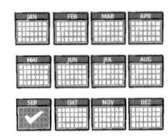

أيلول / سبتمبر

septiembre

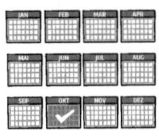

تشرين الأول / أكتوبر

octubre

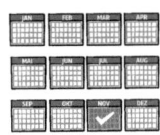

تشرين الثاني / نوفمبر

noviembre

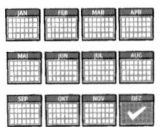

كانون الأول / ديسمبر

diciembre

أشكال

formas

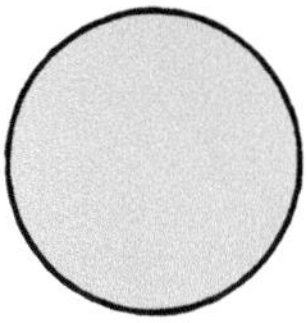

دائرة

círculo

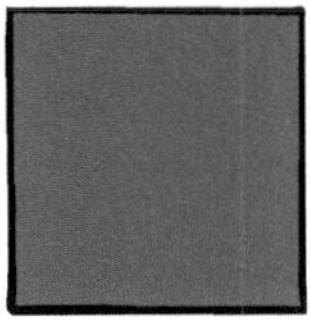

مربّع

cuadrado

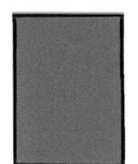

مستطيل

rectángulo

مثلّث

triángulo

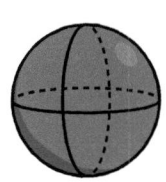

كرة

esfera

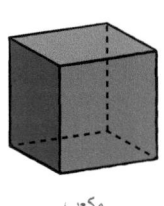

مكعب

cubo

ألوان

colores

أبيض

blanco

أصفر

amarillo

برتقالي

anaranjado

وردي

rosa

أحمر

rojo

بنفسجي

morado

أزرق

azul

أخضر

verde

بنّي

marrón

رمادي

gris

أسود

negro

الأضداد

opuestos

كثير / قليل

mucho / poco

غضبان / هادئ

enojado / tranquilo

جميل / قبيح

bonito / feo

بداية / نهاية

principio / fin

كبير / صغير

grande / pequeño

فاتح / قاتم

claro / oscuro

أخ / أخت

hermano / hermana

نظيف / وسخ

limpio / sucio

كامل / ناقص

completo / incompleto

نهار / ليل

día / noche

ميت / حيّ

muerto / vivo

عريض / ضيّق

ancho / estrecho

صالح للأكل / غير صالح

comestible / no comestible

شرّير / لطيف

malo / amable

مثير / ممل

entusiasmado / aburrido

سمين / نحيف

gordo / delgado

أولاً / أخيراً

primero / último

صديق / عدو

amigo / enemigo

مليء / فارغ

lleno / vacío

صلب / ليّن

duro / blando

ثقيل / خفيف

pesado / ligero

جوع / عطش

hambre / sed

مريض / صحيح

enfermo / sano

غير شرعي / شرعي

ilegal / legal

ذكي / غبي

inteligente / tonto

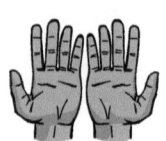

يسار / يمين

izquierda / derecha

قريب / بعيد

cerca / lejos

جديد / مستعمل
....
nuevo / usado

لا شيء / بعض الشيء
....
nada / algo

مسِن / شاب
....
viejo / joven

يشعل / يطفئ
....
encendido / apagado

مفتوح / مغلق
....
abierto / cerrado

خافت / عالٍ
....
silencioso / ruidoso

غني / فقير
....
rico / pobre

صح / خطأ
....
correcto / incorrecto

أحرش / املس
....
áspero / suave

حزين / سعيد
....
triste / contento

قصير / طويل
....
corto / largo

بطيء / سريع
....
lento / rápido

مبلول / جاف
....
húmedo / seco

ساخن / بارد
....
cálido / frío

حرب / سلم
....
guerra / paz

أرقام

números

0	1	2
صفر	واحد	اثنان
....	....	....
cero	uno	dos
3	4	5
ثلاثة	أربعة	خمسة
....	....	....
tres	cuatro	cinco
6	7	8
ستة	سبعة	ثمانية
....	....	....
seis	siete	ocho
9	10	11
تسعة	عشرة	أحد عشر
....	....	....
nueve	diez	once

12

اثنا عشر

doce

13

ثلاثة عشر

trece

14

أربعة عشر

catorce

15

خمسة عشر

quince

16

ستة عشر

dieciséis

17

سبعة عشر

diecisiete

18

ثمانية عشر

dieciocho

19

تسعة عشر

diecinueve

20

عشرون

veinte

100

مائة

cien

1.000

ألف

mil

1.000.000

مليون

millón

اللغات

idiomas

الإنكليزية

inglés

الإنكليزية الأمريكية

inglés americano

لغة ماندارين الصينية

chino mandarín

الهندية

hindi

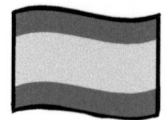

الإسبانية

español

الفرنسية

francés

العربية

árabe

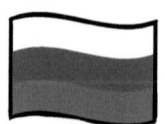

الروسية

ruso

البرتغالية

portugués

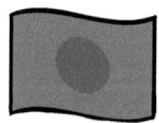

البنغالية

bengalí

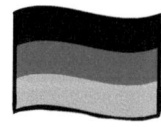

الألمانية

alemán

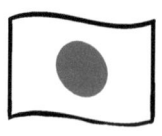

اليابانية

japonés

من / ماذا / كيف

quién / qué / cómo

أنا

yo

أنت

tú

هو / هي

él / ella / ello

نحن

nosotros/as

أنتم

vosotros/as

هم

ellos/as

من؟

¿quién?

ماذا؟

¿qué?

كيف؟

¿cómo?

أين؟

¿dónde?

متى؟

¿cuándo?

اسم

nombre

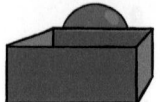

أين
dónde

خلف

detrás

في

en

أمام

delante de

فوق

por encima de

على

sobre

تحت

debajo de

جنب

junto a

بين

entre

مكان

lugar